I0469782

Table des matières

Les mathématiques, un moyen efficace de résoudre des problèmes

Nous vous invitons à faire un voyage rétrospectif dans le temps. Nous sommes maintenant dans l'une des meilleures universités de l'année 1895 et nous assistons à une classe de physique dans une Faculté de génie.

Le professeur prend une sphère métallique, à l'aide d'une machine, la lance dans les airs. Il donne aux étudiants la vitesse initiale de la sphère à la sortie de la machine, l'angle par rapport au sol, la masse de la sphère. Il leur demande de calculer la distance que peut parcourir cette sphère

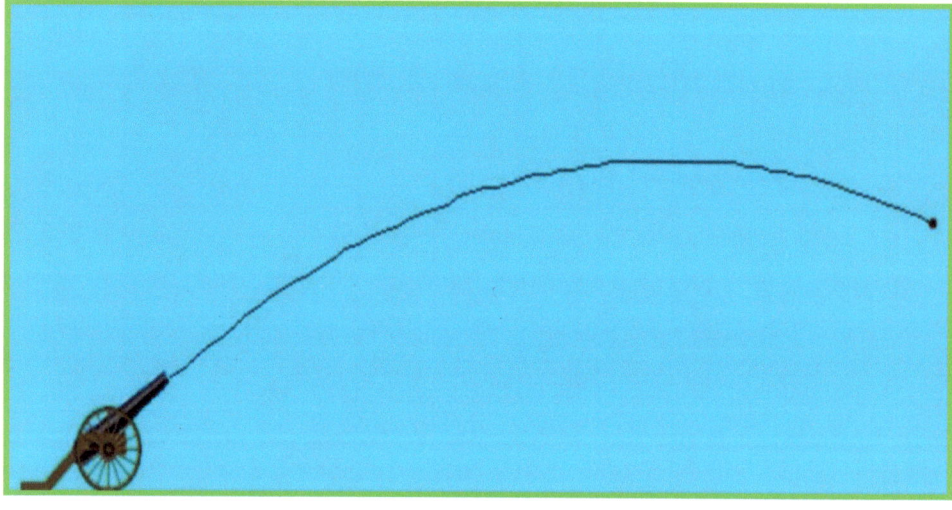

Les élèves savent très bien que, pour trouver la solution à ce problème, ils doivent utiliser l'équation de la trajectoire du second degré:

$$y(x) = \frac{-g}{2v_0^2 \cos^2 \theta} x^2 + \tan \theta . x$$

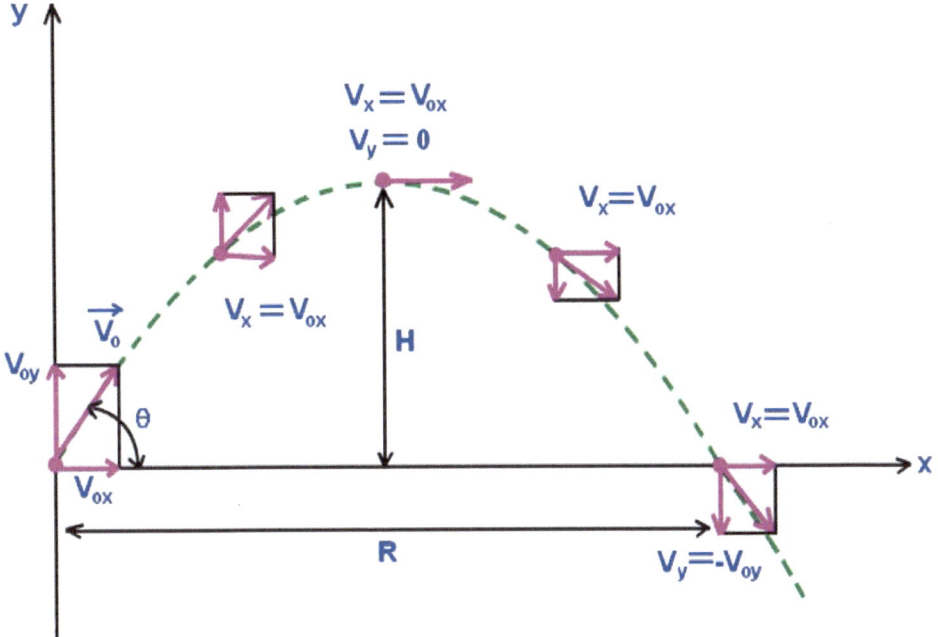

Pour trouver le temps que l'objet reste dans l'air avant de tomber, les étudiants doivent appliquer cette formule:

$t = 2V0\sin\theta/g$

Pour savoir la distance que peut parcourir l'objet dans l'air, les étudiants doivent appliquer cette formule:

$R = v20\sin/2\theta g$

Un étudiant demande au professeur s'il pense qu'un objet plus lourd que l'air peut être utilisé dans les années à venir pour le transport aérien? L'enseignant, ainsi que les autres étudiants le trouvent très ignorant pour oser penser une telle stupidité. Le professeur lui dit qu'il est impossible pour un corps plus lourd que l'air d'être capable de voler et d'atterrir. Par conséquent, il ne peut pas servir de transport aérien.

Si quelqu'un construit un appareil plus lourd que l'air et pense qu'il va le faire voler, de la même manière que cette sphère metallique a une courte durée dans l'air, une machine volante aurait une courte durée dans l'air et on peut calculer avec précision sa trajectoire et l'endroit exact où elle va écraser.

Certaines personnes, continue le professeur, sans aucune formation scientifique pensent et continuent de penser que cela est quelque chose de possible. Cependant, nous, les personnes de haut niveau académique, savons très bien qu'un objet plus lourd que l'air ne peut pas être utilisé comme transport aérien. Certes, nous pouvons faire voler un corps comme un ballon qui contient un fluide léger, tel que l'hydrogène et l'hélium, mais faire voler un objet plus lourd que l'air comme transport aérien est scientifiquement impossible, conclut le professeur.

Ville des Gonaïves apres l'application de la formule

La formule de Bernoulli

Wright brother airplane model

Nous sommes maintenant en 1903, plus précisément le 17 Décembre, 1903. Deux frères, Orville et Wilbur Wright construisirent un appareil. Ils s'assoient à l'intérieur, ils le font voler et atterir, contrairement à ce que pensaient les gens instruits de l'époque. Face à ce problème scientifique, les penseurs se sont mis à comprendre la nature de ce dilemme dans le but d'en trouver une explication. La stratégie qu'ils utilisaient était de mettre le problème sur le papier, de le traduire en langage mathématique, de trouver une solution, de prendre cette solution et de l'appliquer à une machine volante.

$$p1 + 1/2\varrho V12 + \varrho gz1 = p2 + 1/2\varrho V22 + \varrho gz2 = p + 1/2\varrho V2 + \varrho gz = \text{Constante}$$

En mettant le problème sur le papier, on le résolu en appliquant le théorème de Bernoulli. De nombreuses personnes en Haïti comprennent très bien le concept de ce théorème sans l'avoir étudié et sans même en connaître le nom.

Certains enfants en Haïti qui grandissent dans les villes côtières ou des villes traversées par des rivières, savent comment construire de petits bateaux en papier. Ils les mettent dans la rivière et les font courir le long du courant.

Mettons deux petits bateaux, les bateaux A et B, l'un à côté de l'autre, séparés par une certaine distance. Nous allons visualiser ces bateaux dans cette rivière Limbé représentée plus bas. Le bateau "A" va en direction de l'une de ces pierres dans la rivière. Le bateau B s'éloigne de la pierre. Nous les faisons partir au même moment. Nous observons que le bateau "A" doit parcourir une plus grande distance que le bateau "B" parce qu'il doit contourner la pierre tandis que le bateau "B" va tout droit. Cependant, après le passage de la pierre, les deux bateaux arriveront en même temps. Compte tenu du fait que le bateau "A" a dû parcourir une distance plus longue, il doit également naviguer beaucoup plus vite pour se trouver avec le bateau B après le passage de la pierre.

Petit bateau en papier

Riviere de limbé en Haiti

La formule ci-dessus décrit l'illustration des deux bateaux sur le fleuve. Les avions utilisent le même principe pour voler. Le bateau est dans l'eau alors que l'avion est dans l'air. Les pierres dans la rivière représentent les ailes de l'avion. Dans la rivière, un courant fait déplacer les petits bateaux d'un point à un autre; l'avion a un ou plusieurs moteurs qui poussent les ailes dans l'air. Les bateaux A et B représentent les molécules d'air qui passent en haut et en bas des ailes.

Les molécules d'air passant sur l'aile de l'avion doivent parcourir une distance plus grande que celles qui passent en dessous de l'aile. Les molécules d'air passant au-dessus et en dessous de l'aile obéissent à la loi de Bernoulli. Les molécules d'air qui passent au-dessus des ailes ont une vitesse élevée tout en ayant une pression faible par rapport aux molécules qui passent en dessous de l'aile.

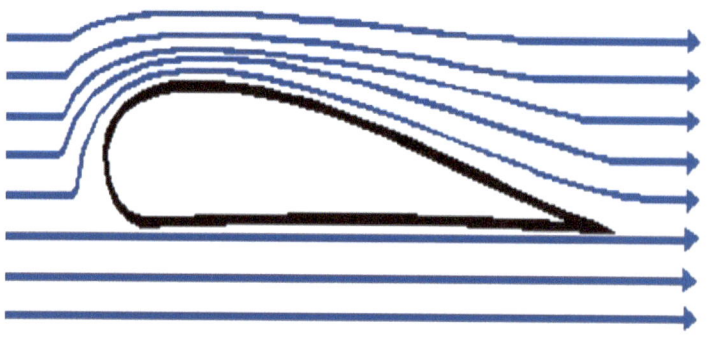

Le fait que la pression au dessus de l'aile soit inférieure à la pression en dessous de l'aile de l'avion, provoque la création d'aspiration vers le haut. Ceci est exactement ce qui se passe quand on aspire l'eau de coco avec une paille: L'eau de coco monte dans la bouche par succion. Dans le cas d'un aéronef, les ailes de l'aéronef sont aspirées par la différence de pression entre le haut et le bas de l'aile.

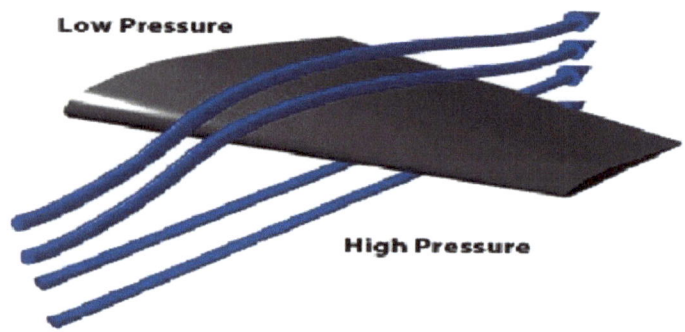

Résumons l'expérience de notre voyage dans le temps avec les éléments par la suivante: Initialement, on croyait que le transport aérien était mathématiquement impossible. Quelqu'un a fait voler un avion contrairement à ce que le monde scientifique croyait. Le monde scientifique a donc mis sur papier le problème, l'a traduit en langage mathématique. À partir de ce langage mathématique, ils ont pu trouver une solution et manipuler les résultats. Enfin, ils peuvent aujourd'hui dessiner un avion capable de transporter beaucoup de personnes d'un point à un autre.

✓ Une Formule pour résoudre le problème d'Haïti

Les Haïtiens depuis leur grande victoire sur l'armée de Bonaparte, n'ont jamais cessé de regresser. Haïti, la première république indépendante des personnes de couleur, qui était à l'origine nommée par plus d'un, la perle des Antilles, est aujourd'hui le pays le plus pauvre du continent américain. A l'instar des scientifiques de 1903, il est temps pour nous de mettre le problème d'Haïti sur le papier et de le traduire en formule mathématique pour trouver une solution qui permettra à Haïti d'être placé au niveau des pays industrialisés. La formule devrait être très simple et doit être comprise par la majorité des Haïtiens, indépendamment de leur capacité intellectuelle.

La formule que nous utilisons est appelée «formule pour le développement d'Haïti"

$$A=X1(C)+X2(E)-X3(L1)-X4(L2)$$

Prix de vente de produits locaux:	X1
Prix de vente de produits exportés	X2
Prix d'achat de pièces internationales:	X3
Prix d'achat de produits finis importés:	X4
Consommation locale	C
Produits finis exportés:	E
Pièces importées:	L1
Produits finis importés:	L2

Nous pouvons également écrire cette formule d'une manière plus explicite:

A = (vente de produits locaux) + (ventes de produits exportés) - (achats de pièces importées) - (Achats de produits finis importés)

Lorsque la valeur de "A" est positive (A), on peut dire "qu'Haïti est un pays développé"

A ⟺ Haïti est développé

Lorsque la valeur de "A" est négative (-A), on peut dit "qu'Haïti est un pays sous-développé"

-A⟺ Haïti est sous-développé

Appartement des Cayes

Cette formule peut également être visualisée comme un triangle dont les trois côtés sont:

1 - Haïti doit produire beaucoup
2 - Haïti doit exporter beaucoup
3 - Haïti doit importer peu

Ville de Port-au-Prince apres l'application de la formule

✓ Exercices pour comprendre la formule

Même quand la formule est très simple, il est important d'essayer de l'expliquer un peu plus en faisant au moins deux exercices qui doivent nous faire comprendre pleinement comment manipuler la "formule de développement pour Haïti."

Dans le premier exercice, nous vous invitons à considérer un problème dans le langage courant, le traduire en langage mathématique et le résoudre ensuite pour traduire la solution mathématique de nouveau dans notre langage quotidien. Le problème est le suivant:

Jean a un manguier. Le manguier peut arbitrairement donner une quantité de mangues mûres par jour, 2, 4, 0, 5, 1, etc. Hier, l'arbre n'a pas eu de mangues mûres. Il a donc emprunté à son voisin Pierre 2 mangues mûres pour manger. Aujourd'hui, son manguier a donné 5 mangues mûres. Pierre vient réclamer les deux mangues mûres qu'il avait données à Jean hier. Combien de mangues mûres Jean aura à manger aujourd'hui?

En traduisant ce problème en langage mathématique, nous avons:

$A = B + C$

A = Nombre de mangues mûres que Jean va manger aujourd'hui

B = Nombre de mangues mûres que donne l'arbre aujourd'hui

C = Nombre de mangues mûres que Pierre avait prêté à Jean hier

En appliquant notre formule mathématique pour trouver la solution, nous obtenons:

$A = B + C$

Quantité de mangues que Jean va manger aujourd'hui = (Les 5 mangues mûres que donne le manguier de Jean aujourd'hui) moins (les 2 mangues mûres que Jean doit rendre à Pierre) = 3 mangues

$A =$ (5 mangues)+(-2 mangues)

$A =$ (5 mangues) + (- 2 mangues)

$A =$ (5 mangues)-(2 mangues)= 3 mangues

$A =$ (5)+(-2)= 3

$A = 5-2 = 3$

$A = 3$

Donc la solution est:

$A =$ Jean va maintenant manger 3 mangues.

Deuxième exercice:

Dans le premier exercice, nous avons vu que $A = 5-2$.

$A = 5-2$ a été interprété comme suit: Jean avait 5 mangues mûres et il a enlevé 2 mangues mûres de ces 5 mangues mûres, qu'il en devait 2 à Pierre. Il restera donc à Jean 3 mangues mûres pour manger. La question maintenant est la suivante: est il possible d'enlever cinq mangues mûres de deux mangues mûres (5-2)?

Examinons le problème ensemble!

Hier, le manguier de Jean n'a donné aucune mangue mûre. Jean a donc demandé à son voisin Pierre de lui prêter 5 mangues mûres pour manger. Aujo-urd'hui, le manguier de Jean a donné 2 mangues mûres. Pierre vient demander les 5 mangues mûres qu'il avait prêtées à jean hier. Combien de mangues mûres Jean va pouvoir manger aujourd'hui ?

Ville de Ouanaminthe apres l'application de la formule

En traduisant cela en mathématiques, on obtient:

A = B + C
A = quantité de mangues que Jean a mangé aujourd'hui
B = quantité de mangues mûres que donne le manguier aujourd'hui
C = quantité de mangues mûres que pierre avait donné à Jean hier

Jean peut-t-il rendre les 5 mangues mûres à Pierre? Comment va réagir Pierre? Pierre va-t-il dire à Jean de ne pas se soucier des 5 mangues mûres, dans la mesure où il ne peut pas les lui rendre? Si nous admettons que nous ne pouvons pas retirer 5 mangues mûres de 2 mangues mûres, nous disons aussi que Pierre n'a pas le droit de réclamer les 5 mangues mûres de Jean. Pierre devrait-t-il perdre ses 5 mangues mûres? Doit-on mettre Jean en prison parce qu'il ne peut pas rendre les 5 mangues?

Peut-on trouver une solution mathématique à ce problème? Certainement oui: Le langage mathématique est un bon moyen de résoudre même les problèmes les plus complexes.

En appliquant la formule du problème antérieur, nous avons:

A=B+C
A = (les 2 mangues mûres que le manguier a donné à Jean aujourd'hui) et (les 5 mangues mûres que Jean avait prises à Pierre)

A=(2 mangues)+(-5 mangues)
A=(2mangues)-(5mangues)= -3

A=2+(-5)
A=2-5
A=-3, A est négatif
A= Jean n'a plus de mangues pour manger aujourd'hui et a enplus une dette de 3 mangues

Centre commercial de Martissant apres l'application de la   formule

Dans le langage courant, nous lisons la solution mathématique précédente de la façon suivante :

Pierre est venu à Jean et lui dit: donnez-moi les 5 mangues mûres que vous me devez. Jean lui répondit, je n'ai pas 5 mangues mûres, j'ai seulement 2 mangues mûres. Je vous donne 2 mangues mûres maintenant et je vous dois 3 mangues mûres au lieu de 5 mangues mûres. Par conséquent A= -3, le signe moins signifie que Jean donne à Pierre 2 mangues mûres, et qu'il doit encore 3 mangues à Pierre afin d'honorer sa dette. En outre, Jean n'aura plus de mangues mûres pour manger aujourd'hui.

Dans la formule A = B + C, nous voyons donc que A peut être positif et que A peut aussi être négatif.

Dans le prochain chapitre, nous verrons pourquoi quelques fois, nous avons un « A » positif et quelques fois un « A » négatif.

Hinche apres l'application de la formule

Comment manipuler la formule pour avoir un résultat positif ou négatif ?

Dans le chapitre précédent, nous avions vu comment "A" pourrait être positif, et comment il pourrait aussi être négatif. Nous allons voir dans ce chapitre comment nous pouvons manipuler la formule pour avoir le résultat souhaité. En d'autres termes, comment pouvons-vous transformer le négatif en un résultat positif. Pour mieux comprendre la formule, continuons à prendre d'autres exemples. Cette fois, au lieu de mangues, nous utiliserons notre monnaie nationale, la "gourde".

A = quantité de gourdes dans la maison.

Lorsque « A » est positif, (A) se réfère à l'argent que nous avons, que nous possédons. Lorsque « A » est négatif, (-A)représente l'argent qui est dû, c'est-à-dire une dette.

Les trois cas suivants feront que 'A' aura une valeurnégative

A = B + C

1-   Si "B" est négatif et "C" négatif," A" va être négatif.

B: Jean avait acheté à crédit des pistaches auprès d'une marchande pour 10 gourdes
C: Pierre, son voisin l'avait confectionné un pantalon pour 60 gourdes.
Comme B et C sont des dettes, "B" et "C" sont negatifs, donc "A" va également être négatif.
Appliquons la formule A=B+C
A= (Les 10 gourdes que Jean doit payer pour les pistaches) plus (les 60 gourdes qu'il doit payer à Pierre pour le pantalon)
A= (-10 gourdes)+(-60 gourdes)=-70 gourdes
A=-70 gourdes, donc A est négatif

2- Si B est inférieur à C, B est positif et C négatif, le résultat va être négatif

B: Jean possède 40 gourdes
C: Pierre demande à son voisin de lui payer une vieille dette de 100 gourdes

Pour trouver « A », nous allons appliquer la même formule
A = B + C
A = (Jean possède 40 gourdes) et (son voisin Pierre lui réclame une dette de 100 gourdes)
A = (40 gourdes) + (- 100 gourdes) = - 60 gourdes
Jean a un déficit de 60 gourdes, donc A est négatif

3- Si B est supérieur à C, B est négatif et C positif, le résultat va être négatif

B: Un ami prête 200 gourdes à Jean
C: Pierre, le voisin, vient de payer à Jean 110 gourdes pour un travail qu'il avait fait.
L'application de notre formule est la suivante: A = B + C
A = (200 gourdes que l'ami prête à Jean) plus (les 110 gourdes payées à Jean pour le travail qu'il avait fait)
A = (-200 gourdes) + (110 gourdes) = -90 gourdes, donc A est négatif

Ville de Cap-Haitien apres l'application de la formule

Les trois cas suivants feront que 'A' aura une valeur positive

1-   Si B est positif et C Positif, A va etre positif

B : Jean possède 50 gourdes

C : Pierre, le voisin, doit lui payer 30 gourdes pour un travail de peinture qu'il avait fait

A = (50 gourdes que Jean possède) plus (les 30 gourdes pour le travail de peinture qu'il avait fait à son voisin Pierre)

A = (50 gourdes) + (30 gourdes) = 80 gourdes

A= 80 gourdes, A est alors positif

2-   Si B est supérieur à C, B est positif et C est négatif, A va être positif.

B : Jean possède 600 gourdes

C : Le voisin de Jean, Pierre, réclame les 40 gourdes qu'il a prêtées à Jean.

En appliquant notre formule A = B + C:

A = (600 gourdes que possède Jean) plus (40 gourdes prêtées à Jean)

A = (600 gourdes) + (- 40 gourdes)

A= 600 gourdes-40gourdes= 560 gourdes

A = 560 gourdes

A est positif

Saint-Marc apres l'application de la formule

3- Si B est inférieur à C, B est négatif et C positif, A va être positif

B: Jean doit 100 gourdes à son frère Luc
C: Pierre vient de donner 700 gourdes à Jean pour la location d'une chambre

En appliquant la formule suivante: $A = B + C$, on a:

$A = $ (La dette de 100 gourdes de Jean à son frère Luc) plus (les 700 gourdes que Jean a reçu de Pierre pour la location de la chambre)

$A = $ (-100 Gourdes) + (700 gourdes)
$A = $-100 gourdes+700 gourdes $= 600$ gourdes
On peut aussi l'écrire de la façon suivante:

$A = 700$ gourdes-100 gourdes $= 600$ gourdes
$A = 600$ gourdes, donc A est positif

Comprendre « la formule pour le développement d'Haïti »

Avec les exercices précédents, nous pouvons comprendre et appliquer la « formule de développement » à la réalité haïtienne. En fait, Haïti a maintenant un « A » négatif, c'est à dire un pays pauvre. Nous n'utiliserons pas la formule comme un thermomètre mais plutôt comme un thermostat: un thermomètre indique la valeur de la température alors qu'un thermostat change le niveau de la température. Cela revient à dire que nous n'appliquerons pas la formule à Haïti juste pour nous donner le niveau économique actuel d'Haïti, ce qui nous indiquerait normalement qu'Haiti est un pays pauvre (en effet, nous n'avons besoin d'aucune formule pour nous apprendre qu'Haïti est un pays pauvre).Nous avons simplement besoin de l'appliquer pour modifier le résultat, pour convertir le "A" négatif en "A" positif, pour faire passer Haïti de pays pauvre à pays riche.

Riviere de la Grand'Anse a Jeremie apres l'application de la for mule

Aucun pays n'a été prédestiné à être continuellement riche: l'Espagne, a l'époque de la colonisation possédait environ 70% de tout l'or du monde. Actuellement, l'Espagne est loin d'être un pays riche. L'inverse est également vrai, aucun pays n'est condamné à être toujours pauvre: Haïti est actuellement le pays le plus pauvre d'Amérique. Il n'est pas condamné à rester toujours pauvre. Il peut devenir l'un des pays les plus riches d'Amérique. Pour que ceci soit une réalité, l'Haïtien doit s'entendre pour appliquer la « formule de développement » afin de convertir Haïti de pays pauvre à pays riche.

Pour comprendre le sens de la formule, l'un des exemples que nous avons pris était que la valeur posi-tive ou négative de « A », déterminait que Jean pouvait manger de mangues ou ne pouvait pas manger de mangues. Il faut également remarquer que, lorsque « A » est négatif, cela signifie que «Jean va dormir sans manger de mangues », mais pas nécessairement qu'il va dormir avec l'estomac vide. En réalité, même si Jean n'a pas à manger de mangues, tant qu'il a certains autres aliments à la maison, il n'aura pas faim ce jour-là.

De la même façon, en utilisant la "formule pour le développement d'Haïti" Si Haïti a un "A" négatif dans un produit, cela ne signifie pas qu'Haïti soit un pays pauvre pour autant. Le « A » positif ou le«A » négatif détermine qu'un pays est pauvre ou riche sur la base de la somme totale de tous les produits, et non d'un seul produit. En d'autres termes, Haïti sera un pays riche quand la somme de tous les produits donnent un « A » positif. De la même manière, Haïti a actuellement un « A » négatif parce que la somme de tous les produits donne un « A » négatif.

Application de « la formule pour le développement d'Haiti »

Nous allons appliquer la formule à un seul produit, le riz, mais dans 4 situations différentes. Dans le premier cas, nous considérons que nous produisons moins de riz que le peuple a besoin.

La formule pour le développement d'Haïti est :

$A = X1(C) + X2(E) - X3(L1) - X4(L2)$

Prix de vente de produits locaux:	X1
Prix de vente de produits exportés	X2
Prix d'achat de pièces internationales:	X3
Prix d'achat de produits finis importés:	X4
Consommation locale	C
Produits finis exportés:	E
Pièces importées:	L1
Produits finis importés:	L2

A = (vente de produits du terroir) + (vente de produits exportés) - (achats de pièces importées) - (achat de produits finis importés)

Appliquons la formule au problème suivant :

Des agriculteurs haïtiens vont cultiver du riz à l'Artibonite et à l'Acul-du-Sud et doivent alimenter un secteur nécessitant 5000 sacs de riz. Les fermiers, au lieu de 5000 sacs, ont produit seulement 800 sacs. Les commerçants vont vendre 1 kg de riz pour $ 0.30. Le ministère chargé de l'agriculture sait qu'il doit offrir un produit de qualité. Nous ne voulons pas, en d'autres termes, donner au consommateur du riz mélangé à des cailloux. En outre, ils doivent importer de l'étranger beaucoup de sacs étiquetés pour le stockage du riz produit en Haïti. Le prix des sacs importés est de $0,45.

On se souvient qu'il fallait fournir 5 000 sacs dans la région. Le produit local n'est pas suffisant parce que les fermiers ont seulement produit 800 sacs de riz. Il y a donc une décision à prendre:

a) Nous pouvons dire que nous ne nous soucions pas des 4200 sacs de riz manquants pour complètement nourrir la zone assignée. Si quelqu'un ne mange pas, c'est son problème.

b) On peut aussi choisir d'importer du riz pour alimenter entièrement la zone.

On a choisi la deuxième solution.

Prix de vente local: X1 .... 0,30 $ par 1 kg
Le prix d'achat de pièces importées (des sacs vides): .... X3 = $ 0,45
Prix des produits importés: .... X4 = $ 1,44
Quantité de riz produit: .... P 800 sac s de riz
Pièces importées (sacs vides) .... C1 = 5000 sac s
Produits importés finis .... L1 = 800 sacs vides étiquetés

A = (vente de produits du terroir) + (vente de produits exportés) - (achats de pièces importées) - (achat de produits finis importés)

Appliquons la formule:

- Les agriculteurs ont produit seulement 800 sacs de riz.

Ecole Nationale Borneau Lamarre apres l'application de la   formule

(Vente des produits locaux): $0.30*800=$240.0

Nous devons tout d'abord produire de la nourriture pour fournir 5000 sacs de riz. Comme nos agriculteurs ne produisent que 800 sacs de riz, nous n'avons pas suffisamment de riz pour fournir la quantité nécessaire à la population, encore moins pour exporter. Par conséquent,

(Vente des produits exportés)=0

Nous devons mettre le riz dans des sacs. Selon l'exemple, nous ne produisons pas de sacs en Haïti, nous devons donc les importer. Nous importons alors 800 sacs pour les remplir avec notre riz local.

(Achats des pieces importés): $0.45*800=$360.00

- Nous avons besoin de 5.000 sacs de riz, mais le pays produit seulement une quantité de 800 sacs. Par conséquent, nous devons importer
4200 (5000-800 = 4200) sacs de riz. Le prix du riz importé est de $ 1,44

(Achat des produits importés): $1.44*4200=$6048.00

Nous allons chercher la valeur de A en appliquant la formule:

A = (vente de produits locaux) + (ventes de produits exportés) - (achats de pièces importées) - (Achat de produits finis importés)
A = (240 $) + (0) - (360 $) - ($ 6,048) = - $ 6,168.00 <=> A est négatif
A = - $ 6168

Voyons la deuxième solution:

Les dirigeants ont compris qu'une façon de changer le "A" négatif en "A" positif est d'encourager les agriculteurs à produire plus de riz. Cette fois, les agriculteurs ont réussi à récolter un montant de 6 000 sacs de riz. Donc, nous avons de quoi exporter à l'étranger.

- On se rappelle que les agriculteurs ont besoin de fournir à la zone 5000 sacs de riz. Cependant, ils ont produit beaucoup plus que cela, c'est-à-dire 5500 sacs de riz. Ils vont disposer au premier abord de 5000 sacs de riz pour satisfaire le besoin local qui sera vendu à $0.30, le kilogramme.

(Vente de produits locaux): $0.30*5000=$1500.0

2- Dans les cas precedents, comme nous n'avions pas suffisamment produit de riz pour satisfaire le besoin local, nous n'avions pas la possibilité d'exporter. Cette fois, après avoir satisfait la consommation locale, nous avons encore 500 (5500-5000) sacs de riz disponibles. Nous allons donc exporter. Le prix de vente est de 1,30 dollars à l'étranger.

(Vente de produits exportés): $1.30*500=$650.00

3- On devait mettre le riz produit en Haïti dans les 5500 sacs récoltés. On se rappelle que le prix des sacs était de $0.45.

(Achats des pièces (sacs) importées): $0.45*5500=$2475.00

4- La production locale est si grande, nous n'aurons aucun besoin d'importer du riz de l'etranger.

Ville de Jacmel apres l'application de la   formule

(Achat des produits importés)=0
Cherchons A en appliquant la formule:

A= ($1500)+($650)-($2475)-($0)=-$325.00
A est encore négatif
A=-$325.00

Les agriculteurs ont fait un grand effort en produisant beaucoup plus de riz au point d'exporter une quantité substantielle à l'étranger. Cependant, « A » est toujours négatif. On comprend donc que pour avoir un "A" positif, moins on produit, beaucoup moins on doit importer. Une stratégie donc visant à maintenir un «A» positif est de réduire les importations autant que possible.

Nous allons, dans la situation suivante, réduire nos importations. Une bonne manière de le faire, plutôt que d'acheter des sacs de l'étranger, est d'acheter seulement le tissu à l'étranger et de fabriquer les sacs en Haïti. Avec ce changement, plutôt que de dépenser $ 2,475.00 (0,45 * 5500 $) pour 5500 sacs, on depensera seulement $ 550,00 (* 5500 $ 0,10).

En appliquant la formule, on a le résultat suivant:

$A=X_1(C)+X_2(E)-X_3(L_1)-X_4(L_2)$

A= (Vente des produits locaux)+(Vente des produits exportés)-(Achat des pièces importées)-(Achat des produits finis importés)

(Vente de produits locaux): $ 0,30 * 5000 = $ 1500,0

(Vente de produits exportés): $ 1,30 * 500 = $ 650,00

(Achat de matériels (sacs) importés: 0.10 $ * 5500 = $ 550,00

Cette fois, on n'a pas besoin de tout le riz!

(Achat de produits importés): 0

A= ($1500.00)+($650.00)-($550.00)-(0)=$1600.00

A= $1600

On a cette fois-ci un "A" positif en diminuant simplement l'importation.

Nous récoltons dans le cas antérieur beaucoup plus de riz que la première fois. Dans la première situation, "A" était encore négatif. Dans la deux-ième situation, nous avions réduit l'importa-tion."A" négatif est alors devenu «A» positif.

Hotel à Anse-a-Galets apres l'application de la formule

Dans le scénario suivant, nous allons augmenter la valeur de « A » pour produire plus de riz. Cette fois-ci, au lieu de 5 500 sacs de riz, nous allons produire 9 000 sacs de riz.

Nous devons fournir 5 000 sacs de riz à notre marché local. Le prix du riz à l'achat sera de $0,30 par kilogramme.

Ville de Petit-Goave apres l'application de la formule

(Vente de produits locaux): $ 0,30 * 5000 = $ 1500,0

2- Nous avons plus de production cette fois. Nous avons maintenant 4000 (9000-5000) sacs de riz à exporter à l'étranger:

(Vente des produits exportés)= $1.30*4000=$5200.00

3- Nous devons investir dans 9000 sacs vides pour mettre la consommation locale de riz, ainsi que le riz que nous allons exporter. Étant donné que nous n'avons pas importé de sacs de riz de l'étranger, mais seulement de la toile pour fabriquer les sacs en Haïti, le coût des sacs est réduit à $0,10 le sac:

(Achats des pièces importées): $0.10*9000=$900.00

- Cette fois, nous n'avons pas à importer de riz car la production locale est plus que suffisante.
(Achat des produits importés): 0
Appliquons la formule pour « A » :
A = (vente de produits locaux) + (vente de produits exportés) - (achats de pièces importées) - (achat de produits finis importés)
A = (1500$) + (5200$) - (900$) - (0$) = $ 5800,00
A est toujours positive et avec une plus grande valeur.
A = $ 5 800,00

Nous avons vu dans la situation précédente que les agriculteurs ont récolté beaucoup plus de riz que la demande locale. Ainsi, en réduisant l'importation à son plus bas niveau, nous permettons à 'A' de devenir positif.

✓ Nos produits sur le marché international

Il est bon de noter qu'une chose est d'avoir suffisamment de produits pour l'exportation vers un autre pays, une autre est de trouver un pays qui aura besoin de nos produits. En outre, lorsque nous trouvons un pays qui aura besoin de riz, d'autres pays qui ont des excédents de riz vont également essayer de vendre à ce pays.

Prenons l'exemple de Cuba, qui aurait besoin d'importer du riz. Nous pouvons lui offrir notre surplus de riz. Le Mexique dispose également de riz excédentaire. Cuba prendra en compte au moins deux facteurs pour arriver à son choix :
1- La qualité du riz qu'ils souhaitent acheter
2- La quantité d'argent à investir pour l'importer

Baradères apres l'application de la formule

Ville de Port-de-Paix apres l'application de la formule

Nous pouvons être compétitifs avec le Mexique au niveau de la qualité offerte, mais il est presqu' impossible de l'être au niveau du prix. Un grand avantage qu'ils ont sur nous c'est la zone de produc-tion. Sa superficie de production est beaucoup plus grande, ce qui nous obligera à proposer un produit plus cher.

Nous prenons l'exemple d'un pays producteur de riz qui produit suffisant de nourriture pour nourrir toute la nation et a suffisant pour exporter à l'étranger. Si tous les pays avec lesquels ce pays produc-teur de riz et disposant de relations commerciales produisent assez de riz pour nourrir leur peuple, personne ne va avoir besoin d'acheter à ce pays producteur de riz. Ce sera alors une perte pour le pays producteur de riz. Par conséquent, il serait donc dans son intérêt que les pays qui lui achetent ne produisent pas suffisamment de riz.

Si Haïti ne produit pas assez de riz pour vendre à toute la population en Haïti, l'intérêt économique est en grande partie pour le producteur de riz qui a besoin de vendre son riz.

Si ce pays producteur pouvait décourager la production de riz en Haïti, que cela signifierait-il pour le pays producteur ? Selon l'Indice Mondial (http://www.indexmundi.com), la population haïtienne en 2014 était de 9, 996, 731. Nous allons considérer que sur ces 9996 731 personnes, seulement 600000 haïtiens achètent mensuellement du "riz à grain long enrichi", 20lbs (20lbs, 9071 lbs = 8474 kilo-grammes) à $9,00. Le pays producteur gagnerait US $ 5,400,000.00 par   mois ($ 9 * 600.000 = $ 5,400,000.00). Au cours d'une année, le pays gagneraient 64,800,000.00 $ US (US 5,400,000.00 * 12 = 64800000). Le pays producteur a-t-il intérêt à ce qu'Haïti produise suffisamment de riz pour nourrir tous ses habitants? Certainement pas! Son intérêt est plutôt de décourager notre production locale. Il peut même prétendre implanter des programmes agricoles pour précisément détourner Haïti de son objectif, celui de produire suffisamment de riz pour nourir tous ses haïtiens.

La nécessite de réduire l'importation

Nous avons pris l'exemple du riz dans l'application de notre formule. La production de riz seulement, pourtant, ne va jamais nous faire sortir de la crise économique dont nous sommes l'objet actuellement. D'ailleurs, notre territoire limité ne nous permet pas de développer Haïti avec l'agriculture. Pour vendre notre produit sur le marché international, nous devons être compétitifs: Il est obligatoire de proposer un produit de bonne qualité et à un prix compétitif. Si deux pays utilisent la même technique de plantation, celui qui a beaucoup plus de terres, sera en mesure de produire beaucoup plus, et le résultat sera un produit moins cher.

Il serait presqu' impossible de rivaliser avec notre riz local contre les pays qui ont une superficie plus grande que la nôtre. Cependant, nous avons la capacité agricole pour nourrir l'ensemble de nos compatriotes vivant en Haïti sans la nécessité d'importer.

Un moyen de nourrir le peuple haïtien serait de choisir les grandes propriétés contrairement à l'idée que tout le monde cultive arbitrairement quelque chose dans son coin. Le Ministère responsable de la production agricole doit payer une allocation aux propriétaires de chaque champ. L'argent versé ne doit pas être trop faible pour que cela ne soit pas une exploitation, ni trop élevé pour que l'on ne propose pas un produit trop cher.

Aux États-Unis, il est impressionnant de voir des États avec des températures très froides en hiver, comme l'état du Nebraska avec des cultures agricoles. Les agriculteurs savent qu'ils ont peu de temps pour la culture, à peu près 3 mois de l'année. Ils savent exactement quand préparer la terre, quand planter des graines et quand récolter. Ils doivent tout terminer avant l'hiver. Notre pays Haïti, en revanche, bénéficie d'une température tropicale : nous pouvons labourer nos terres pendant toute l'année. Nous avons suffisamment de rivières en Haïti pour ne pas dépendre des caprices de la pluie pour arroser le sol.

Nous avons vu dans la "tormule de développement" que réduire l'importation est l'un des moyens pour obtenir un «A» positif. Même si nous ne pouvons pas rivaliser avec les États- Unis dans le domaine agricole, nous pouvons tout de même produire suffisamment pour ne pas importer d'autres pays. Haïti n'a aucune raison d'importer du riz, du maïs, des pois, du poisson, du sel ou des produits marins comme le poisson des pays étrangers. Quelqu'un vivant en Haïti doit être en mesure de se rendre dans un supermarché et d'acheter au prix local ses produits alimentaires.

Champ de riz a lacul du Sud apres l'application de la formule

La ville du Cap-Haitien, apres l'application de la formule

Haïti, une puissance économique en sommeil

Les haïtiens ne doivent pas seulement compter sur l'agriculture pour développer l'Haïti. Nous avons bien sûr un point très fort avec lequel nous pouvons rivaliser contre n'importe quel pays d'Amérique. En cours d'utilisation, Haïti peut devenir l'un des plus riches pays d'Amérique. La Chine a utilisé cette force et sa croissance sur le plan économique est très intéressante. Nous pouvons faire mieux que la Chine. Le point fort est ce que nous appelons « la main-d'œuvre haïtienne ».

Bien avant de voir comment nous avons un avantage sur beaucoup de pays actuellement riches, y compris les Etats-Unis, nous allons prendre en compte deux formes de pensée qu'adoptent les gens qui ne sont pas qualifiés pour occuper une position de dirigeant en Haiti. Ces formes de pensée nous prouvent que ces leaders n'ont pas la moindre idée de l'existence de la formule du développement d'Haiti. Après les avoir enuméré, nous allons voir ensemble pourquoi ces pseudo solutions sont néfastes pour l'economie du pays:

1- Attendre de l'aide économique d'un autre pays

2- Permettre à des entreprises étrangères d'investir en Haïti

✓ Effet négatif de dépendre de l'aide étrangère

Si le peuple vote pour un chef d'etat dont le programme est d'aller demander de l'aide à des pays étrangers, lui et le peuple qui l'ont élu n'ont aucune idée de la "formule de développement pour Haiti". Lui et le peuple qui l'ont élu vont noyer Haiti plus profond dans le bassin de la misère.

Un pays peut nous donner de l'aide, mais avec cela nous n'allons jamais nous développer. Haïti a toujours reçu de l'aide des pays étrangers. Haïti reçoit de la nourriture provenant de pays étrangers depuis longtemps. N'est pas cela une grande générosité de la part des pays donateurs? Oui bien sûr. Existe-t-il encore la faim en Haïti? Oui, bien sûr.

Des organisations internationales depuis bien des années aident Haïti à relever les niveaux d'alphabétisation. Ne devons-nous pas être reconnaissants de ces gens de bon cœur qui viennent nous aider avec nos enfants? Bien sûr que oui. Y'a-t-il encore des alphabètes en Haïti en 2015 ? Bien sûr que oui.

Selon un rapport publié par les Nations Unies en 2011, le taux d'aphabétisation en Haïti était encore de 62,1%. En revanche, en 1960, le taux d'alphabétisation à Cuba était de 60%, soit un niveau inférieur à Haïti en 2011 (62,1 %). En seulement un an, de 1 Janvier 1961 à Décembre 1961, le taux d'alphabétisation de Cuba s'élevait à 96%.

Vi lle de Gre ssie r apre s l'applic at ion d e la for mule

Pour accomplir quelque chose de semblable, Haïti doit compter seulement sur les Haïtiens. En fait, c'est la responsabilité de l'Haïtien de nourrir le peuple haïtien. C'est la responsabilité de l'Haïtien de donner l'éducation au peuple haïtien. C'est la responsabilité de l'Haïtien de donner des soins médicaux aux patients haïtiens. Effectivement, le leader qui peut exécuter le plan de développement pour Haïti est celui qui ne fonde pas son programme politique sur la réception d'aides internationales : le leader idéal pour Haïti est loin d'être un mendiant professionnel.

Rout e pour alle r à J ac me l apr es l'applic at ion de la for mul e

En règle générale, le don que nous recevons d'un autre pays nous causera toujours plus de mal que de bien. Il est très facile de vérifier cette règle d'or étant donné qu'Haïti a longtemps fondé sa politique au bénéfice de l'aide des pays étrangers. Prenons l'exemple du vaccin BCG que les Etats-Unis avaient donné à Haïti. Beaucoup d'haïtiens ont quelque part sur leur bras une « boule » qui est la conséquence du vaccin BCG. En effet, nous avons été l'objet d'une expérience des americains: il est préférable d'expérimenter sur les hommes que sur les annimaux. Les résultats n'étant pas satisfaisants, ils ne l'appliquèrent pas aux enfants americains. En plus, il fallait que le premier enfant haitien injecté ait une maladie contagieuse mortelle pour infecter tous les autres enfants : ils ont utilisé la même seringue pour tous les enfants vaccinés. Pouvons-nous conclure que les Américains sont mauvais pour autant ? La réponse est « Non ». Si nous ne nous respectons pas nous-mêmes, personne ne va nous respecter.

En comprenant la « formule de développement pour Haïti », on comprendra aisément que les pays producteurs ont des techniques pour accroître leurs exportations. Si un pays producteur veut augmenter ses exportations de produits alimentaires, l'une des façons est de donner comme cadeaux des pilules pour augmenter l'appétit des habitants du pays dont on veut vendre les produits alimentaires. Les personnes qui les prennent auront plus appétits et vont donc consummer beaucoup plus d'aliments. A mesure que la quantité de personnes prenant ces comprimés augmente, les exportations des produits de ce pays producteur augmenteront dans les mêmes mesures.

Si un pays pétrolier veut augmenter ses exportations, il est capable de donner en cadeaux des usines électriques au diesel; il pourra construire des routes pour encourager les conducteurs à consommer beaucoup plus de pétrole. Le pays importateur devra ainsi acheter beaucoup plus de pétrole.

Il est impératif qu'Haïti applique la "formule du développement." En appliquant cette formule, tous les Haïtiens vont comprendre que le succès d'Haïti repose sur un triangle dont les trois dimensions sont:

1- Haiti doit **produire** beaucoup
2- Haiti doit **exporter** beaucoup
3- Haiti doit **importer** peu

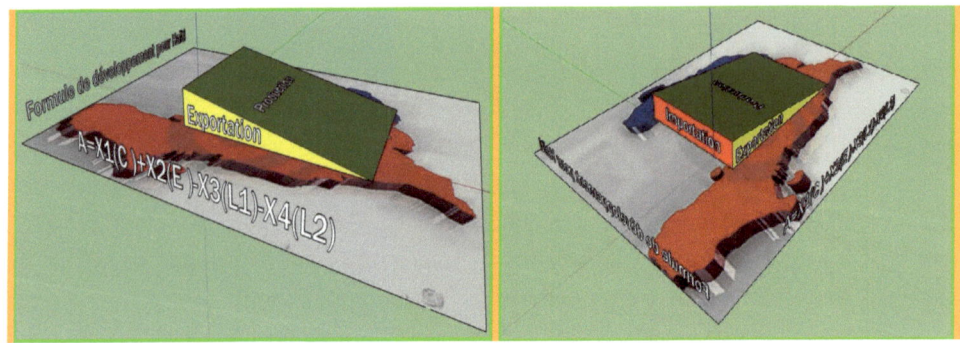

Effet négatif de permettre aux étrangers d'investir en Haïti

Si le programme d'un chef d'Etat est d'encourager des étrangers à investir en Haïti, il prouve par cela qu'il n'a aucune idée du plan de développement pour Haïti.

La personne étrangère ou la société étrangère qui vient en Haïti afin d'investir son argent n'a qu'un but, « faire de l'argent ». Il va faire de l'argent avec les valeurs que possède Haïti. En d'autres termes, la valeur avec laquelle l'investisseur fera son argent appartient à Haïti. Le leader politique d'Haïti, ne sachant pas comment utiliser cette valeur, il la donne à quelqu'un d'autre pour l'exploiter.

On se souvient de Reynolds Metals Mines Inc. ? Ils exploitèrent la bauxite de Miragoane, de 1960 à 1980. Un total de 13,3 millions de tonnes de bauxite a été envoyé à Corpus Christi, Texas, Etats-Unis. Oui, ils ont donné du travail à un groupe d'Haïtiens pendant l'exploitation de la mine. Cependant, Miragoane n'en a aucunement bénéficié de cette richesse naturelle, Haïti non plus. Miragoane n'est même pas classée parmi les villes ayant les meilleures infrastructures d'Haïti (S'il y en a une).

A l'instar de la mine de bauxite de Miragoâne, la main-d'œuvre haïtienne est notre mine pour transformer notre "A" négatif en "A" positif. En invitant les entreprises étrangères à investir en Haiti, elles donneront certes du travail à un groupe d'haitiens, mais l'interet économique sera pour ces entreprises, et et non pour Haiti: Elles vont gagner ce qu'Haiti allait gagner s'il etait pays producteur.

Prenons l'exemple du Venezuela qui a du petrole dans son sous-sol. Au moment où le pays apris l'ini- tiative de retirer des mains étrangères la production de petrole au Venezuela, le pays a changé positive- ment de figure. Il convient de souligner que si, pour exploiter une mine, nous ne disposons pas d'haitiens qualifiés pour occuper les postes clés, nous pouvons en attendant former un groupe de professionels pour occuper ces postes, on devra bien employer des étrangers pour les occuper. De la même façon, si pour faire fonctionner notre usine, nous ne disposons pas d'Haïtiens compétents à des postes clés, en attendant de former un groupe d'étudiants haïtiens, nous avons besoin d'employer des étrangers qualifiés pour combler ces postes vacants.

Tunnel de morne tapion apres l'application de la formule

✓ Effet positif d'utiliser la "mine" humaine d'Haïti

Pour voir plus clair sur la manière Haïti est une précieuse mine, comparons 3 pays producteurs : les Etats-Unis, la Chine et Haïti. Un point très important à souligner est que le prix d'un produit fini dépend en grande partie du prix de la main-d'œuvre. En d'autres termes, dans une industrie, le salaire des employés détermine largement le coût du produit final.

Aussi étrange que cela puisse paraître, les Etats-Unis, le Canada et de nombreux autres pays avancés ne peuvent pas rivaliser avec Haïti sur le plan de la production industrielle. Haïti est une énorme puissance économique latente. Haïti a cette capacité économique, non pas à cause de sa position géographique ou grâce à sa superficie, mais du fait de ses habitants: l'Haïtien est très intelligent, qu'il soit pauvre ou riche, lettré ou analphabète.

Hopital General de Port-au-Prince après l'application de la formule

Le salaire minimum aux États-Unis par heure est de $7,25. En 2015, ils pourraient augmenter à $10,10. En Chine, actuellement la zone où la main-d'œuvre est la plus chère est celle de Beijing: le salaire horaire minimum est de 16,9 yuans = USD 2,73 $ par heure. En Haïti, on vient d'augmenter le minimum à US $ 5,11 par jour. Le minimum par heure en Haïti est donc d'environ 0.65$.

Pour mieux comprendre comment Haïti est une "grande puissance dormante", nous placerons une usine imaginaire dans chacun de ces pays suivants, les Etats-Unis, la Chine et Haïti. Nous équiperons ces trois pays de la même technologie. Tous les trois produiront le même produit; un "four électrique". Nous utiliserons la même quantité d'employés dans tous les 3 usines, soit

Bi-Centenaire de Port-Au-Prince après l'application de la formule

7000 personnes.

En 1 mois, l'usine aux Etats-Unis va dépenser pour payer ses employés: $8,120,000.00
($7.25*7000 employés*160 heures=$8,120,000.00)
En 1 mois, l'usine en Chine va dépenser pour payer ses employés: $3,057,600.00
($2.73*7000 employés*160 heures=$3,057,600.00
L'usine en Chine dépense $5,062,400.00 ($8,120,000.00-$3,057,600.00) de moins par mois que celle située aux Etats-Unis.

En 1 mois, l'usine en Haïti va dépenser pour payer ses employés: $728,000.00

$0.65*7000 employés*160 heures= $728,000.00

L'usine en Haïti dépensera par mois $7,404,600.00 de moins que celle des Etats-Unis ($8,120,000.00-$728,000.00), c'est à peu pres 11 fois moins que la valeur totale des dépenses aux Etats-Unis par mois.

Dépense pour 7000 employés
par mois dans 3 identiques
usines et dans 3 pays différents

Pays	Par heure	Par Mois
Etats-Unis	$7.25	$8,120,000.00
Chine	$2.73	$3,057,600.00
Haiti	$0.65	$728,000.00

Cela signifie que si un four électrique fabriqué aux États-Unis coûte US $72 par unité, en Chine, il peut coûter $ 45 et en Haïti le même four électrique peut coûter jusqu'à $16 l'unité.

La main-d'œuvre haïtienne est moins chère qu'en Chine et beaucoup moins chère qu'aux Etats-Unis. Lorsque la plupart des Haïtiens auront compris la "formule de développement pour Haïti", ils seront en mesure de faire le bon choix des dirigeants qui prennent des décisions en faveur de leur pays. D'ailleurs, toute personne qui se croit incapable d'appliquer la formule de développement pour Haïti ne devrait accepter aucune position de leader en Haïti. Cependant, nous trouvons des gens qui ne peuvent pas appliquer la "formule de développement pour Haïti" et s'efforcent toujours d'occuper une position de leader dans le pays. C'est l'une des raisons pour lesquelles les électeurs doivent assimiler la formule de développement pour Haïti et découvrir avant les élections ceux qui peuvent et ceux qui ne peuvent rien faire pour le pays.

Un appartement a Jacmel apres l'application de la formule

✓ Induction électrique expliquée

Selon la formule, pour transformer le "A" négatif en "A" positif, il est obligatoire de minimiser l'importation en Haïti. Le gaz devrait être l'un des premiers produits à être touché.

La substitution du gaz à l'électricité réduira beaucoup l'importation des produits pétroliers en Haïti. Il est obligatoire d'utiliser dans nos cuisines des fours électriques. En faisant cela, nous ferons d'une pierre deux coups: nous n'aurons pas à couper d'arbres pour directement cuire de la nouriture ou pour faire du charbon. Cela nous aidera aussi à contrôller le problème d'erosion en Haïti.

Pont pour aller à Lagonave apres l'application de la for mule

La ville de Grand-Groave apres l'application de la formule

Pour produire de l'électricité, on peut se servir des produits pétroliers. Cependant, nous n'avons aucun intérêt à importer du gaz pour produire notre électricité. Nous emploierons plutôt des moyens alternatifs pour sa production. La consommation d'électricité est si importante en Haïti que nous devons prendre un peu de temps pour l'expliquer.

Pour mieux comprendre la production d'électricité, nous devons d'abord assimiler ce qu'est l'induction électromagnétique. L'induction électromagnétique a été découverte par un scientifique anglais du nom de Michael Faraday en 1831. Dans l'illustration suivante, nous allons essayer d'expliquer de manière simple ce qu'est l'induction magnétique.

Imaginons que notre main soit mouillée et que nous la secouons en face du visage de quelqu'un. Que se passe-t-il sur le visage de cette personne? Des gouttes d'eau tomberont sur son visage. La main mouillée représente un aimant, le visage de la personne est le câble électrique et les gouttes d'eau sont ce que nous appelons le courant électrique. Pour que l'eau passe sur le visage de la personne, en d'autres termes, pour que l'électricité passe à travers le câble électrique, un mouvement est nécessaire.

Pour augmenter la quantité de gouttelettes qui tombent sur le visage de la personne, ou selon notre analogie, pour produire plus de courant électrique, nous pouvons jouer sur trois facteurs:

1 - Avoir une main mouillée plus grande

La main mouillée d'un enfant va recevoir moins d'eau que la main mouillée d'un homme adulte. Dans le cas de l'électricité, un aimant plus puissant générera beaucoup plus d'électricité qu'un aimant moins puissant.

2 - Un petit visage recevra moins de gouttes d'eau qu'un visage suffisamment grand.

Dans le cas de l'électricité, pour que le câble électrique reçoive plus de courant électrique, une grande quantité de fil électrique doit être plié. C'est ce que l'on nomme la 'bobine'. Cette bobine peut recevoir plus d'électricité qu'un simple câble.

Usine a la Croix-des-Bouquets apres l'application de la formule

3 - Plus la main est bougée rapidement, plus la quantité d'eau sera importante.
Par analogie, plus on tourne rapidement l'aimant à proximité de la bobine ou plus vite on tourne la bobine près de l'aimant, plus on pourra générer d'énergie électrique.

Génération électrique expliquée

Sur l'image ci-dessous, on peut observer des aimants disposés dans une configuration du pôle sud au pôle Nord, entre lesquels se trouve la bobine. Au moment de faire tourner la bobine par le manchon, du courant électrique se produit à l'autre extrémité, sur le fil métallique. Cet agencement est appelé "générateur électrique". Une ampoule attachée à ces fils s'illuminera tant que l'on continue à tourner le manchon dans l'autre extremité.

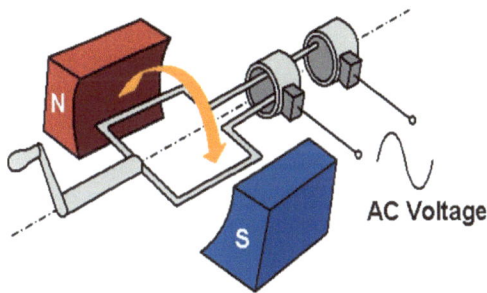

Tous les systèmes de génération d'électricité utilisent ce modèle de générateur électrique. Il y a évidemment des exceptions et nous en mentionnerons quelques-unes:

- Le système solaire utilise le principe de semi-conducteurs disposés en panneaux solaires pour produire de l'électricité. Ce système n'a aucune pièce mobile.
- Les batteries transforment l'énergie chimique en énergie électrique.
- Les piles nucléaires par désintégration produisent également de l'électricité.

Ecole nationale de Leogane apres l'application de la formule

Il faut avoir recours à la force physique pour tourner la poignée du générateur dans une extrémité afin de produire le courant électrique dans l'autre extrémité. On peut tourner la poignée du générateur avec la main mais au bout d'un moment, la fatigue se fera sentir. Il faut également noter que, pour produire de l'électricité dans une ville, nous aurons besoin d'un générateur de grande capacité, équipé de puissants aimants, d'une bobine de haute capacité et d'un manchon capable de tourner avec une grande révolution : la main humaine ne peut pas faire ce travail. On doit donc trouver d'autres forces.

La force physique permettant de faire tourner la bobine du générateur peut être un moteur à essence. Beaucoup d'entre nous sont habitués à ce que nous appelons en Haïti « delco ». Ils utilisent le même principe. Le moteur de gaz fait tourner la bobine par rapport à l'aimant et le résultat est la production d'électricité sur le fil métallique.

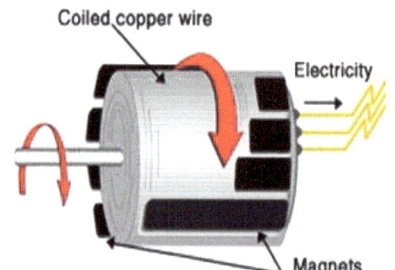

Le moteur à vapeur est encore une autre façon utilisée pour faire tourner le générateur électrique. Un moteur utilise la pression de la vapeur pour faire tourner un arbre. Cet axe est attaché à l'arbre du générateur et il est alors possible de produire de l'électricité. Dans de nombreux pays comme les Etats-Unis, on brûle du charbon et la vapeur entraîne le moteur à vapeur attaché au générateur pour produire le courant électrique.

Une autre manière, au lieu d'utiliser de l'huile pétrolière très nocive pour la santé, consiste à utiliser l'huile végétale ou le biodiesel, ou encore le gazole basé sur la graisse animale que l'on brûle pour allumer le moteur à vapeur qui fera ensuite tourner le générateur afin de produire de l'électricité.

Usine a Mirebalais apres l'application de la formule

Une autre façon consiste à faire fonctionner un générateur à l'aide de la réaction nucléaire. La chaleur requise pour produire de la vapeur est obtenue par un procédé physique appelé fission. La chaleur émise par la fission de combustible d'uranium, fait tourner la machine à vapeur et indirectement le générateur pour produire de l'électricité.

Si une maison de 10 étages est remplie avec du charbon; le gaz nucléaire de la taille d'une mallette donnera la même quantité de chaleur que produit cette énorme quantité de charbon pour faire fonctionner le générateur. Par conséquent, de nombreux pays préfèrent utiliser le système basé sur la production d'énergie nucléaire. Un problème majeur avec le système nucléaire est que nous devons nous débarrasser des déchets nucléaires car ils sont hautement toxiques.

Un autre moyen est d'utiliser des hélices pour capturer les fluides dont les plus communs sont:
1- L'eau
L'eau est canalisée et est recueillie dans des hélices qui font tourner un générateur pour produire de l'électricité.

2- La marée
Le mouvement de la marée de la mer fait tourner des hélices et produit de l'électricité.

3- Le vent.
Quand le vent souffle, les hélices le capture, il les fait tourner à leur tour, faisant ainsi tourner un générateur qui produit de l'électricité.

Ainsi pour faire tourner le générateur, on peut acheter des produits comme le gaz, le diesel, le gaz nucléaire, l'huile végétale. Il est aussi possible d'utiliser ce que la nature nous donne gratuitement: le vent, la marée et la mer.

Ville des Cayes apres l'application de la formule

Meilleure façon de produire
de l'électricité en Haïti

Pour être conforme au plan de développement pour Haïti, nous devons utiliser un moyen gratuit-pour produire de l'énergie électrique en Haïti. L'une des meilleures manières de produire de l'électricité pour notre pays est le système hydroélectrique. Quel que soit le système que nous avons, nous devons le donner de l'entretien, sinon, ce sera pure perte. Dans le cas contraire, nous allons répéter la même mauvaise expérience que nous avions faite avec la centrale hydraulique de Péligre.

Dans ce système, l'eau du fleuve fait tourner constamment les hélices des générateurs pour produire de l'électricité. Pas besoin de dépenser en gaz ou en diesel! Plusieurs rivières en Haïti sont de bonnes candidates pour ce système hydroélectrique.

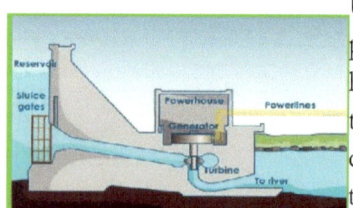

A schematic view of a hydro power plant

Un autre moyen intéressant de production d'électricité est l'emploi d'énergie marémotrice. Elle utilise le mouvement de la marée de la mer pour faire tourner les helices attachées au generateur.

Un autre système très efficace, notamment dans les zones côtières où le vent souffle beaucoup, sont les éoliennes. Le désavantage est que le vent ne souffle pas régulièrement. La meilleure façon de l'utiliser est de stocker l'énergie excédentaire produite et d'utiliser cet excédent quand le vent est calme ou non-existant. Les batteries sont le moyen de stockage le plus fréquent aujourd'hui. Les batteries sont très coûteuses, et la plupart d'entre elles ont une durée de vie d'environ 3 à 5 ans. Après la date limite, nous devrons encore dépenser de l'argent pour les remplacer.

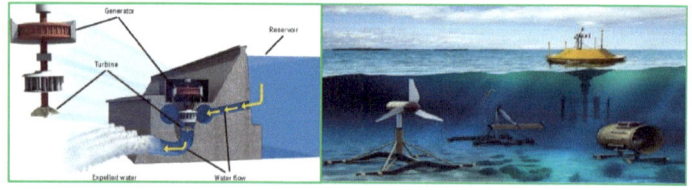

Eolie nne a la Grand'Anse apre s l'applic at ion de la for mule

Un moyen efficace de contourner l'utilisation de batteries dans ce système en Haïti est de placer des éoliennes sur une montagne en bas de laquelle se trouve une rivière ou la mer. La construction sur la montagne d'un très grand bassin ou d'un réservoir serait à envisager. Lorsque l'éolienne produit de l'électricité en excès, elle activera une pompe à eau placée sur le fleuve ou dans la mer. La pompe à eau remplira le grand bassin situé sur la montagne. Lorsqu'il n'y a pas de vent, l'eau du réservoir va tomber par gravité sur les hélices qui feront tourner les générateurs et produiront de l'électricité sans interruption.

Pumped storage power plant du Cap Haïtien

Une autre façon de produire l'électricité en Haïti serait l'utilisation d'énergie solaire. Haïti est une terre tropicale : elle bénéficie d'un soleil abondant. Ce système n'utilise pas l'induction électrique comme dans le cas du générateur, il ne possède donc pas de pièces mobiles, ce qui est un grand avantage. Un inconvénient est que ce système est peu efficace, et nous aurions besoin de grands panneaux solaires pour électrifier une ville entière. Compte tenu de notre territoire limité, il est préférable de l'utiliser dans les maisons afin de réduire la demande d'électricité dans le pays.

Logement en Haïti

Notre territoire étant limité, les bâtiments doivent être construits en majorité verticalement. Un édifice peut avoir entre 60 à 100 étages. Il est obligatoire que les constructions de bâtiments obéissent aux codes de cyclones et aux séismes. Quand on parle du code de tremblement de terre, il est bon de se souvenir de la fable de La Fontaine "Le Chêne et le Roseau". Le Chêne est fort et peut résister à des vents puissants tandis que le roseau est flexible, donc se courbe à la moindre brise. Mais quand les deux sont frappés par un violent vent, le chêne ne pouvant pas résister se romp alors que le roseau se plie. Après le passage d'un vent puissant, le roseau revient à sa position première. De la même manière, il est préférable que les bâtiments soient construits de manière solide mais surtout flexible.

Ville de Miragoane apres l'application de la formule

Un bâtiment de base fixe se déplace avec le mouvement d'un tremblement de terre et peut subir des dommages énormes et irréparables, même s'il est extrêmement solide. Afin de minimiser les dommages causés par un tremblement de terre sur une structure, on peut utiliser plusieurs techniques. Une technique consiste à utiliser un isolateur. Les isolateurs fonctionnent de manière similaire à la suspension d'une voiture. La suspension permet au passager de la voiture de ne pas trop sentir les chocs quand la voiture passe sur un sentier rocailleux et non nivelé.

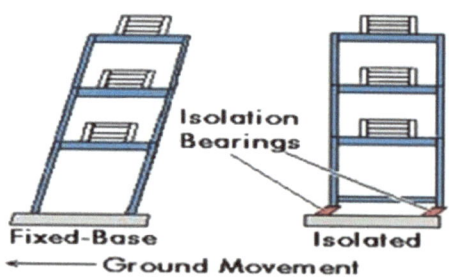

L'isolant est une technique développée pour prévenir ou minimiser les dommages aux bâtiments lors d'un séisme. La technique d'isolation de base peut permettre à une maçonnerie ou à des structures de béton armé de résister aux tremblements de terre. Quand la terre bouge, le bâtiment bouge également mais à un rythme plus lent. L'isolant dissipe en effet une grande partie du choc. L'ensemble du

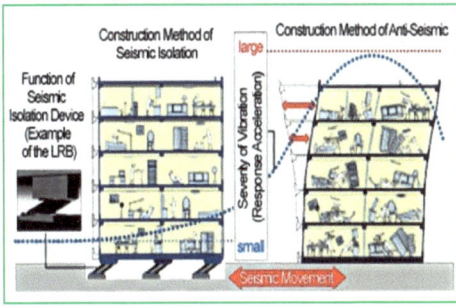

bâtiment se déplace dans les deux sens, d'un pied ou plus. Les isolateurs peuvent diminuer les effets d'un séisme jusqu'à 80%. L'installation de l'appareil d'isolement sismique prévient la transmission de vibration du tremblement de terre au bâtiment.

Certains types de système d'isolation sismique utilisent des roulements à billes rotatives. La structure est composée de roulements à billes, de rails et de plaques. Ce système fonctionne comme un palier pour supporter le poids du bâtiment et est aussi capable de déplacer latéralement le bâtiment sans frottement.

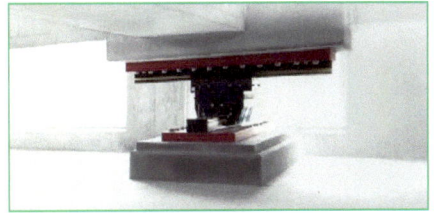

Il faut également souligner qu'un gratte-ciel sera sévèrement balancé durant un tremblement de terre ou une tempête en rendant difficile de maintenir la stabilité de l'édifice et de ses occupants. La structure de contrôle de vibration doit réduire la vibration du tremblement de terre ou d'un vent fort en utilisant le dispositif d'absorption sur le bâtiment qui non seulement empêche les dommages à l'édifice, mais protège également la sécurité des personnes.

Des maisons de residence à Fort Liberté apres l'application de la for mule

Dans le cadre de la formule, nous n'avons pas intérêt à reconstruire Haïti avec du ciment importé. Pour maintenir un "A" positif , le ciment doit être fabriqué en Haïti. Les propriétaires de la compagnie de ciment doivent être haïtiens. La même chose vaut pour les aciers. Il est impératif d'avoir notre aciérie haïtienne.

Le transport en Haïti

Haïti est un pays dôté d'une population très dense. Dès que le pays prendra l'initiative de mettre en oeuvre le plan de développement, nous allons commencer par observer une augmentation du niveau d'immigration. Beaucoup d'Haïtiens vivant actuellement dans des pays étrangers se dépêcheront de revenir en Haïti. Des Haïtiens qui pensent actuellement à vivre dans un pays étranger vont changer d'avis: ils choisiront de vivre en Haïti. Pour répondre à

ce flot d'Haïtiens qui circuleront dans le pays, un bon système de transport public est indispensable.

L'haïtien est si brillant que rien ne peut justifier qu'il ne doive pas fabriquer ses propres trains dans le pays. Même l'haïtien dépourvu de toute éducation formelle a montré une extraordinaire intelligence. En appliquant la « formule de développement », l'haïtien peut utiliser la même intelligence actuelle, mais doit se concentrer davantage pour ajouter plus de qualité et de luxe à ses produits finis.

L'image ci-dessous est une brouette fabriquée en Haïti. Il n'est pas impossible que le fabricant ne sache ni lire, ni écrire. Cependant, presque toutes les mathématiques et la physique nécessaire à la construction d'un train électrique son tégalement appliquées à cette brouette. A titre d'exemple, voir ci-dessous comment le fabricant a inclus les trois lois de Newton dans la construction de la brouette.

1-La premiere loi dit littéralement:

Tout corps isolé qui ne soit soumis à aucune sorte d'interaction avec d'autres objets matériels, conserve l'état de repos ou le mouvement rectiligne uniforme qu'il possédait auparavant.

$$\Sigma \vec{F} = \vec{0} \quad => \quad \vec{v} = \vec{Cte}$$

Le fabricant de la brouette dispose de deux bars avec lesquelles quelqu'un va tirer la brouette. Il prévoit déjà que la brouette devra obéir à la première loi de Newton. Sans la force de la personne, la brouette restera au repos. La force de la personne est essentielle pour déplacer la brouette.

2 -La deuxième loi se résume à la formule suivante:

Dans un référentiel d'inertie, la vitesse d'un point matériel varie proportionnellement à la somme des forces extérieures qui lui sont appliquées et inversement, proportionnellement à sa masse.

$$\Sigma \vec{F} = m \cdot \vec{a}$$

$\Sigma \vec{F}$ = Somme des forces agissant sur un objet en newtons (N)
m = Masse de l'objet en kilogrammes (kg)
$\vec{a}$ = Accélération de l'objet en m·s²

Une personne tire la brouette. Si la brouette n'est pas chargée, un adolescent peut la lever. Si la brouette est chargée, il faudra une personne beaucoup plus forte pour la tirer. La force que le conducteur exercera sur la brouette dépendra de sa masse, de sa charge par l'accélération: pour la faire accélérer,le brouetier devra exercer plus de force sur la brouette.

Ville d'Arcahaie apres l'application de la formule

3 -La troisième loi de Newton est aussi appliquée:
"Lorsqu'un corps A exerce une force sur un corps B, le corps B exercera une force sur le corps A de même grandeur, mais dans le sens opposé" .

Force exercée par 1 sur 2	Force exercée par 2 sur 1
$\vec{F}_{1/2}$ =	$-\vec{F}_{2/1}$

Le brouetier exerce une force de même magnitude mais de sens opposé à la force de la brouette. Par conséquent, plus sa charge est importante, plus le conducteur devra deploier de force pour la déplacer.

Pour permettreau conducteur de tirer la brouette, le constructeur de la brouette doit utiliser une équation dans la branche de la physique que l'on appelle "dynamique". Cette équation est nommée: "Equation du coefficient de frottement μ":

$$F_{Fr} = \mu \cdot F_N$$

F_{Fr} = force de frottement en newtons (N)
μ = coefficient de frottement (aucune unité)
F_N = force normale en newtons (N)

La force de frottement dépend du coefficient de frottement μ, lequel est déterminé par les deux matériaux en contact, la texture et la propreté des surfaces, ainsi que de la force les poussant l'une vers l'autre, ou force normale, qui est égale à la force gravitationnelle « Fg ».

Le fabricant de la brouette a réduit la valeur du coefficient de frottement de la brouette en y plaçant des roues selon l'équation ci-dessus. Il a donc fait usage des roues sur la brouette afin de réduire le coefficient de frottement entre le sol et la brouette. Sans les roues, le conducteur n'allait pas pouvoir déplacer la brouette avec toute cette charge.

La construction de trains électriques est une technologie ancienne et facile à comprendre. En effet, le constructeur de chariot en Haïti et le constructeur de train utilisent presque la même technologie.Nous pouvons même les construire en Haïti. Avec la formation adéquate, l'Haïtien peut faire des merveilles dans la construction de trains. La construction de train électrique peut être résumée en 5 étapes:

1-   Construire un espace pour accueillir les passagers: le wagon

2-   A cet espace, on ajoutera des roues

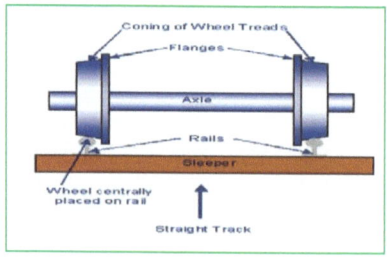

3-   A ces roues, nous grèverons un ou plusieurs moteurs électriques

4-   Un moyen pour alimenter les moteurs électriques

 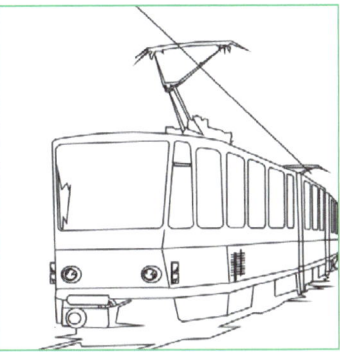

5- Les rails sur lesquels vont courir les roues seront installées sur la voie du train

✓La gestion des déchets

Au moment de commencer à appliquer "la formule de développement", presque tout en Haïti va augmenter: les personnes, les vehicules, les autoroutes, le travail, l'argent, la nourriture, l'eau potable, les écoles, mais aussi, malheureusement, les ordures dans l'environnement.

Pour se débarrasser des déchets, il faudra mettre en place des sites d'élimination des déchets. La méthode d'enfouissement est très courante dans la plupart des pays, y compris aux États-Unis. Cette methode consiste à enterrer les déchets dans un grand champ. Les déchets déposés sont normalement compactés pour augmenter leur densité. Il faudra faire preuve d'un soin particulier car les déchets attireront naturellement des animaux nuisibles tels que les souris et les rats.

La méthode d'enfouissement n'est pas appropriée pour Haïti compte tenu de notre territoire limité. Nous avons besoin de terres pour nos maisons, nos écoles, nos immeubles, nos usines, nos autoroutes, nos hôpitaux, nos églises, nos parcs de loisirs, nos plantations alimentaires, nos arbres, mais pas pour jeter des fatras.

Une meilleure méthode d'élimination des déchets pour Haïti est l'incinération, plus precisé-ment, l'incinération avec récupération d'énergie. Les installations d'incinération ne nécessitent généralement pas autant de terrain que les sites d'enfouissement. L'incinération avec récupération d'énergie est en fait une technologie de «déchets-contre-énergie».

L'incinération est la destruction thermique des déchets. Les systèmes d'incinération modernes utilisent de hautes températures, de l'air contrôlé et un mélange excellent pour changer le caractère chimique, physique, ou biologique ou la composition des matières résiduelles. Les nouveaux systèmes sont équipés de dispositifs antipollution pour capturer des particules et des émissions gazeuses et contaminentes.

L'incinération peut être adapté à la destruction d'une grande variété de déchets. Cela inclut, sans s'y limiter aux déchets ménagers, aux déchets industriels, aux ordures médicales, aux eaux d'égouts, les sols de Superfund et les liquides ainsi que les déchets dangereux (liquides, les goudrons, les boues, solides, et les conduits de fumées) générés par l'industrie. Contrairement à beaucoup d'autres méthodes d'élimination des déchets, l'incinération est une solution permanente. Le principal avantage de l'incinération est que le processus détruit réellement la plupart des déchets plutôt que de s'en débarrasser en les conservant.

L'incinération est menée dans un « incinérateur », qui peut être assimilé plus précisément à un fourneau où l'on brûle les déchets. L'incinération transforme les déchets en gaz et en cendre minérale inerte.

Les gazs d'incinération peuvent être utilisés pour la production d'électricité. Une incinération implique en général la combustion des déchets pour faire bouillir de l'eau. La vapeur d'eau va actionner des générateurs qui produiront une énergie électrique, laquelle sera utilisée dans les foyers, les entreprises, les institutions et les industries.

Les cendres lourdes sont celles qui restent après que les déchets ont été brûlés dans un incinérateur. C'est une matière granuleuse, inerte et compactable, qui peut être utilisé avec succès en tant que substitut total dans des applications de pavage, en particulier comme sous-bases de la route.

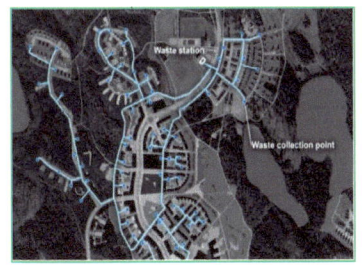

Quelle est la meilleure façon pour Haïti de collecter les ordures? Il existe des méthodes conventionnelles pour la collecte des déchets via lesquelles des camions de déchets tournent en rond autour des zones résidentielles et publiques pour collecter les poubelles. Cependant, la méthode la plus commode pour Haïti est la "collecte des déchets par aspirateur automatique" qui utilise la succion d'air dans un réseau fermé de tuyaux souterrains pour transporter les déchets provenant de points de collecte éparpillés autour autour de la ville dans un endroit central.

Waste station .... Waste collection point

I y a plusieurs avantages à la collecte par aspirateur de déchets:

- Élimination des odeurs indésirables généralement associés à la conservation en conteneurs;
- Réduction des émissions des véhicules de ramassage de résidus;
- Le système ne se congestionne pas, même aux heures de pointe.

Une proposition de la manière de mettre en place la formule de développement

Comprendre et appliquer la « formule de développement pour Haïti » n'est pas seulement l'affaire du Président de la République, mais de tous les Haïtiens vivant dans le pays ou à l'étranger. La première étape serait de choisir un groupe d'environ 15 personnes, dont les décisions ne seront sous l'influence d'aucun gouvernement. Ce groupe d'individus que nous pouvons appeler « les organisateurs » serait formé de médecins, d'ingénieurs, d'agronomes, d'enseignants, de gestionaires, de comptables, de techniciens et autres. Ils prépareront une liste de produits qui seront profitables pour la production en Haïti.

Ces organisateurs prendront leur décision selon la "formule de développement" pour Haïti.

1 - Le capital initial nécessaire pour commencer à fonctionner

2 - La quantité de produits que nous pouvons fournir mensuellement

3 - Le choix des marchés auxquels nous fournirons ces produits

4. La quantité d'employés qui seront nécessaires dans la chaîne de production

5 - La rentabilité de la production

Ville de Lascahobas apres l'application de la formule

Haïti, depuis longtemps, a toujours basé son programme de développement sur les dons reçus des pays étrangers. Pour cette raison et pour d'autres, aucun pays ne voudra pas nous prêter de l'argent. C'est la responsabilité de l'Haïtien d'investir dans son pays.

Supposons que le coût initial de construction et d'opération d'un atelier soit de US $ 20,000,000.00. Une façon de trouver cet argent est de trouver 5.000 Haïtiens qui puissent investir US $ 4,000.00. On peut également trouver 2,000 Haïtiens qui pourront investir US $ 10,000.00. Les investisseurs doivent être conscients que l'argent investi va augmenter ou diminuer selon la façon dont le produit fabriqué sera vendu au marché local et international. Prenons le cas d'un atelier qui fabrique une lampe LED. Le premier client doit être l'haïtien lui-même. Nous devons apprendre à apprécier nos propres produits et encourager les étrangers à les utiliser. Nous achetons nos produits, non seulement parce que c'est un produit haïtien, mais aussi parce que nos ateliers fabriquent des produits de bonne qualité. La qualité de nos produits doit être la priorité de nos usines: c'est un bon moyen de rester compétitif.

Les investisseurs haïtiens déposeront leur argent à la Banque centrale d'Haïti. De préférence une banque centrale qui ne soit pas possédée par la famille « Rothschild »: une banque centrale qui soit la propriété exclusive du gouvernement haïtien.

Les organisateurs sont ceux qui choisiront le type de produit à fabriquer en Haïti. Si le produit ne se vend pas comme il se doit, les investisseurs risquent de perdre tout l'argent déposé. Pour encourager les organisateurs à faire un choix responsable de produit, ils seront affectés positivement ou négativement selon si le produit connait un succès ou un échec sur le marché. Pour ce, les organisateurs reçvront un salaire de base de 20% de leur salaire total. Les 80% restants dépendront du succès ou de l'échec mensuel des produits sélectionnés.

Un autre groupe de personnes doit être choisi pour composer le département des ressources humaines. Ce groupe va choisir les gens qui dirigeront chaque atelier. Pour pousser le département des ressources humaines à sélectioner les dirigeants les plus capables et non pas sur la base de l'amitié, de la relation familiale ou sentimentale, ils reçvront un salaire de base de 20% de leur salaire total. Les 80% restants dépendront de la bonne ou la piètre administration du personnel sélectionné.

Un troisième groupe, en parallèle des organisateurs et des membres du service des ressources humaines sont des inspecteurs. Le fonctionnement des ateliers sera inspecté, tout comme la qualité des produits fabriqués. Ils contrôlent la production de l'atelier. Ils vont vérifier le rapport des dépenses réalisées dans chaque atelier. Les inspecteurs recevront également un salaire de base de 20% de leur salaire total. Les 80% restants dépendront de la réussite ou l'échec mensuel de chaque atelier assigné.

Chaque employeur doit offrir à ses employés à plein temps une assurance de santé et un plan de retraite. Si l'employé à plein temps choisit d'acheter des actions dans une entreprise haitienne, il choisira la somme d'argent qu'il souhaite déduire de son salaire mensuel et l'employeur lui donnera une valeur égale à sa déduction. Ainsi, si l'employé veut déduire de son salaire mensuel $30, l'employeur donnera également $30. L'employé pourra donc investir $60 mensuellement, à savoir les $30 déduits de son salaire et les $30 que lui donne l'employeur.

En appliquant la formule, nous pouvons vraiment chanter ce poème du musicien haïtien, violoniste, poète et compositeur, le Dr Louis Achille Othello Bayard:

Ayiti cheri pi bon peyi pase ou nanpwen
Fòk mwen te kite w pou mwen te kap konprann valè w
Fòk mwen te manke w pou m te kap a presye w
Pou m santi vreman tout sa ou te ye pou mwen
Gen bon solèy bon rivyè e bon brevaj
Anba pyebwa ou toujou jwenn bon lonbraj
Gen bon ti van ki bannou bon ti frechè
Ayiti Toma se yon peyi ki mèchè
Lè w lan peyi blan ou gen yon vye frèt ki pa janm bon
E tout lajounen ou oblije ap boule chabon
Ou pakab wèklè otan syèl-la andèy
E pandan si mwa tout pye bwa pagen yen fèy
Lan peyi mwen gen solèy pou bay chalè
Diran lane tout pye bwa ap bay lonbraj
Bon briz de mè toujou soufle sou no plaj

Ayiti Toma se yon peyi ki mèchè
Kon w lan peyi blan ou wè tout figi yon sèl koulè
Lan pwen milatrès bèl marabou, bèl grifonn kreyòl
Ki renmen bèl wòb bon poud e bon odè
Ni bèl jenn nègès ki konn di bon ti pawòl
Lan peyi mwen lè tout bèl moun si la yo
Sòti lan mès ou sòti lan sinema
Se pou gade se pou rete dyòl lolo
A la bon peyi se ti Dayiti Toma!
Lè w lan peyi blan ou pa wè mango ni kòk di tou
Lanpwen sapoti ni bèl kayimit vèt ou vyolèt
Lanpwen zanana ni bèl ti pòm kajou
Ki ban nou bon nwa pou nou fè bon ti tablèt
Ou jwenn zoranj ki soti an Itali
Men qui fennen qui toujou mwatye pouri
An Ayiti sa si bon se koupe dwèt
E sou se rapò nou bay tout peyi payèt
Lè w lan peyi mwen kote ou pase tout lon chemen
Se bonjou kompè e makomè e pitit la yo?Sa'n pa wè
konsa manyen rentre ti bren
Pou'n bwa ti kichoy pou nouj we de ti kout zo.
Fin bay lan men se rentre lan gran pale
Se politik se movèz sitiyasyon
Sa pou noufè se pou noupran li kou l ye
Men bon Dye si bon la ban nou benediksyon
Lè w ou lanpeyi blan ou pè promennen nwit tankou
jou Tout moun pè mache prese prese wa di se chen
fou Kote yo prale pou ki yap kouri konsa?
Yo pè pèdi tan yo pa janm di: kouman sa?
Lan peyi mwen moun pa rete avek lè
Genyen libète ou gen tan pou pran frechè
Kote ou pase se bonjou se bay lan men

Moun pa janm prese yo koze tout lon chemen
Lè w an Ayiti ou pa janm manke tan pou
soufle Sak pafèt jodi ou kap fè li demen si ou
vle Kan demen rive kel bon ou kel pa bon
Sa pafè anyen tout moun konn di bon dye
bon. An Ayiti moun pajanm dezespere
Nougen la fwa lan yon Dye ki pa janm manti
Nap fè jodi kan demen pa asire
A la bon peyi o mon Dye, se Ayiti!

A propos de l'auteur

Ernst Etienne est Haïtien d'origine et de coeur, bien qu'il vive actuellement aux Etats-Unis. Fils de pasteur, son enfance est évidemment marqué par de fréquents transferts d'une région à une autre. Ces constants déménagements ont enrichi ses connaissances et ont ouvert son esprit grâce au contact avec des personnes de milieux différents, de cultures différentes et de niveaux sociaux différents. Grâce à ses rencontres avec les plus pauvres, avec les plus riches, les gens de classe moyenne, les illettrés ou les personnes instruites, il connait parfaitement les besoins et les espoirs de chacun en Haïti pour construire un pays prospère et tourné vers le futur.

Ernst poursuit ses études primaires et secondaires dans différentes villes en Haïti avant de partir pour une expérience plus internationale en Honduras puis aux Etats-Unis, où il obtiendra une Maîtrise en génie industriel. Ernst est aussi Pilote professionnel certifié par la FAA et Régulateur de vol certifié par la FAA.

Toutes ses expériences ont contribué à développer sa curiosité et à établir des liens sociaux avec de nombreuses personnes et à très bien connaître Haïti et toutes ses spécificités.

Ernst est enfin le créateur de plusieurs inventions comme la voiture économique, l'éoliennes à axe vertical « Desfranches » et la soucoupe volante « Anba-lakay ». Un esprit ouvert et de nombreuses idées au service d'Haïti!

www.ingramcontent.com/pod-product-compliance
Lightning Source LLC
Chambersburg PA
CBHW040845180526
45159CB00001B/325